ENGADIN – TAL DES LICHTS

ENGADIN

TAL DES LICHTS

ROLF CANAL

Fotos: Rolf Canal
Texte: Monica Caviezel, Zürich
Lithos: Thoma Scan, Uster
Papier: LuxoArt Silk 150 gm^2
Druck: Engadin Press, Samedan
Buchbinder: Eibert AG, Eschenbach

Printed in Switzerland by Engadin Press, Samedan

In Samedan

Das Unbeschreibliche beschreiben…

Das Engadin kann man nicht mit Worten beschreiben; ebenso wenig, wie man das Unbeschreibliche beschreiben kann. Denn vom Engadin einfach nur zu sagen, es sei schön, zauberhaft, einem Traum gleich, genügt bei weitem nicht. Man muss es sehen; man muss es erleben, um es begreifen zu können.
Wer das Engadin dennoch beschreiben will, dem fehlen oft die Worte. Nietzsche hat es versucht; Hermann Hesse, Conrad Ferdinand Meyer, Thomas Mann und so viele andere, die von diesem Tal in Bann gezogen wurden. Was diese Autoren uns aber hinterlassen haben, ist weniger eine Beschreibung des Engadins, sondern vielmehr eine Schilderung des Lebensgefühls, das sie hier erfüllte. So wurde etwa folgende Textstelle berühmt, die Nietzsche während seines Aufenthalts im Engadin verfasste:
«In mancher Natur-Gegend entdecken wir uns selber wieder mit angenehmem Grausen; es ist die schönste Doppelgängerei. Wie glücklich muss der sein können, welcher jene Empfindung gerade hier hat (…), hier, wo Italien und Finnland zum Bunde zusammengekommen sind und die Heimat aller silbernen Farbentöne der Natur zu sein scheint – wie glücklich der, welcher sagen kann: ‹Es gibt gewiss viel Grösseres und Schöneres in der Natur, dies aber ist mir innig und vertraut, blutsverwandt, ja noch mehr.› » (F. Nietzsche: Der Wanderer und sein Schatten, Aphorismus 338).

Eins steht dennoch fest: Alle haben sich hier wohl gefühlt. Die Landschaft, das Licht, die Luft, kurz: das Engadin hat sie tief beeindruckt und manchen auch zu grossen Werken angeregt.
Bilder vermögen mehr auszusagen als Worte. Die Bilder des Malers Giovanni Segantini kennt man auf der ganzen Welt. Ihm ist es gelungen, Impressionen festzuhalten aus einem Tal, «wo der blaue Himmel sich in den Seen spiegelt, die noch hundertmal blauer sind als der Himmel.» Auch wir wollen Ihnen in diesem Buch Bilder vermitteln – Bilder des unbeschreiblichen Engadins; Bilder, die Ihnen die ergreifende Schönheit dieses Tales etwas näher bringen.
Doch genug der Worte jetzt. Tauchen Sie in diese Bilderwelt ein und lassen Sie sich verzaubern. Lassen Sie die Bilder sprechen und Sie werden verstehen, was das Engadin so grossartig macht…

Décrire l'ineffable…

Il est tout aussi impossible de décrire l'Engadine en quelques mots, que de dire l'ineffable. En effet, se contenter d'affirmer que l'Engadine est une belle région, au paysage féérique et merveilleux, ne saurait en aucun cas suffire. Pour comprendre, il faut regarder, s'imprégner du paysage.
Quiconque tentera malgré tout de décrire l'Engadine se trouvera très vite à court de mots. Nietzsche a essayé, Hermann Hesse, Conrad Ferdinand Meyer, Thomas Mann et bien d'autres encore, qui sont tombés sous le charme de cette vallée. Ces auteurs n'ont pas réellement décrit l'Engadine, mais plutôt exprimé le sentiment de plénitude qu'ils ont ressenti en y séjournant. C'est au cours d'un tel séjour en Engadine que Nietzsche a écrit le célèbre passage suivant: «*Dans bien des contrées, nous nous redécouvrons nous-mêmes avec un frisson agréable; c'est pour nous la plus belle façon d'avoir un double. – Combien doit être heureux celui qui peut avoir ce sentiment ici même (…), là où l'Italie et la Finlande ont formé alliance et semblent être la patrie de toutes les nuances argentées de la nature: ‹il y a certainement beaucoup de choses plus grandes et plus belles dans la nature, mais ceci est étroitement et intimement parent avec moi, j'y suis lié par les liens du sang, par plus encore!›*»
(F. Nietzsche: Le voyageur et son ombre, Humain trop humain II, Aphorisme 338).

Une chose est sûre: ils ont tous aimé cet endroit. Le paysage, la lumière, l'air, en somme; l'Engadine les a tous envoûtés. A certains, elle a inspiré la création d'œuvres d'envergure.
Les images expriment bien davantage que les mots. Les tableaux du peintre Giovanni Segantini, connus dans le monde entier. Il a su saisir des impressions d'une vallée «où le bleu du ciel se réfléchit dans des lacs cent fois plus bleus.» Nous avons voulu nous aussi vous faire découvrir des images dans ce livre – des images de l'atmosphère ineffable de l'Engadine – des images qui vous rapprocheront un peu de la beauté saisissante de cette vallée.
Mais trêve de bavardage. Laissez-vous emporter et enchanter par cet univers magique d'images. Laissez parler les images et vous comprendrez ce qui rend l'Engadine si extraordinaire.

Les légendes des photos sont traduites en français page 116.

Describing the indescribable…

The Engadine cannot be portrayed in words, because one cannot describe the indescribable. It is all very well saying that this valley has a magical, dreamlike beauty, but it has to be seen and experienced to be fully appreciated.
In the past, it has often left people lost for words. Nietzsche tried to describe it; so did Hermann Hesse, Thomas Mann, and the Swiss writer Conrad Ferdinand Meyer. What they did do was not so much to describe the Engadine itself as to express the feeling of vitality which it engenders. Nietzsche, for example, wrote the following famous passage while staying in the valley.
«In some areas of great natural beauty we rediscover ourselves with a delightful combination of pleasure and terror. How much more pleasurable it must be to experience this feeling here, in a blend of Italy and Finland which seems to boast every shade of silver that exists in nature. How fortunate to be able to say: ‹of course there is much in nature that is bigger or more beautiful, but this place has entered me and become a part of my blood; more than that, even.›»
(The wanderer and his shadow, Aphorism 338).

What they all had in common was that this place made them feel happy: its landscape, light and air made a deep impression on them, and in some cases inspired them to create great works of literature.
A picture speaks a thousand words, and those of the painter Giovanni Segantini are renowned the world over; he managed to capture his impressions of a valley where, as he put it, «The blue sky is reflected in the lakes, which are a hundred times bluer than the sky.» This book, too, uses pictures to describe the extraordinary beauty of this valley in a way that words cannot. So that's enough of the words; we hope the pictures will help you to understand what makes the Engadine such a wonderful place.

You'll find the English picture captions on page 117.

Descrivere l'indescrivibile…

L'Engadina non si può descrivere a parole; così come non si può descrivere l'indescrivibile. Perché dire semplicemente che l'Engadina è bella, incantevole, di sogno… non basta affatto. Bisogna vederla; bisogna viverla per poterla afferrare.
E chi, nonostante tutto, tenta di descrivere l'Engadina, si trova spesso a corto di parole. Nietzsche ci ha provato. Altrettanto hanno fatto Hermann Hesse, Conrad Ferdinand Meyer, Thomas Mann e molti altri, che hanno ceduto all'incantesimo di questa valle. Quello che comunque questi autori ci hanno lasciato è non tanto una descrizione dell'Engadina, quanto piuttosto una rappresentazione del senso della vita che qui li pervase. Ecco allora, ad esempio, il passaggio divenuto famoso e scritto da Nietzsche durante il suo soggiorno in Engadina: *«In qualche paesaggio della natura riscopriamo noi stessi con piacevole orrore; è la più bella condizione di alter ego. Quanto fortunato dev'essere chi provi proprio qui questa sensazione (...), qui, dove Italia e Finlandia si sono strette in alleanza e la patria sembra rifulgere di tutti i toni argentei della natura – quanto fortunato chi possa dire: ‹ci sono certamente cose molto più grandi e molto più belle in natura, questa però mi è intima e familiare, del mio stesso sangue, e anche di più›».* (F. Nietzsche, Il viandante e la sua ombra, Aforisma 338).

Una cosa è comunque certa: qui tutti si sono sentiti bene. Il paesaggio, la luce, l'aria, ... insomma: l'Engadina ha prodotto in loro un'impressione profonda, stimolando anche in alcuni la creazione di opere di grande respiro.
Le immagini sanno esprimere di più delle parole. I quadri del pittore Giovanni Segantini sono conosciuti in tutto il mondo. Egli è riuscito a catturare le impressioni suscitate da una valle, «dove il blu del cielo si specchia nei laghi, cento volte più blu del cielo». Anche noi con questo libro vogliamo trasmettervi delle immagini – immagini dell'indescrivibile Engadina; immagini che vi avvicineranno un po' alla toccante bellezza di questa valle. Ma ora basta con le parole. Immergetevi in questo mondo d'immagini e lasciatevi incantare. Lasciate parlare le immagini e capirete che cosa fa dell'Engadina una regione così meravigliosa…

La traduzione in lingua italiana delle didascalie si trova a pagina 118.

言葉で表現できないものを描写

エンガディンを言葉で表現することは不可能です。なぜなら、エンガディンには言葉で表現できない何かがあるからです。この渓谷は何か不思議な、夢のような美しさを持っているけれど、実際に見て経験した者にしかそれを十分理解することはできないと人々は言います。

ニーチェ、ヘルマン・ヘッセ、トーマス・マン、そしてスイスの文筆家コンラッド・フェルディナンド・メイヤーなど、これまで多くの人々が試みながらも、表現する言葉に詰まっています。彼らがしたことと言えば、エンガディンを表現するというよりも、感じとったエンガディンの醸し出す生命力を説明することでした。例えば、ニーチェはこの渓谷に滞在中に次の有名な一節を残しました。

「偉大なる自然の中で、喜びと恐怖の絶妙なコンビネーションを伴いながら我々自身を再発見することがある。自然界に潜む銀色の陰を誇らしげに抱く、イタリアとフィンランドが混じり合ったようなこの地でこの雰囲気を経験することが、どれほど喜びに満ちたものとなるであろう。勿論、他にもっと大きな、もっと美しい場所はたくさんあるだろう。しかし、この土地は私の身体の中に入り込み、私の身体を流れる血液の一部と化したかのようだ。いや、それ以上かも知れない。－このようなことが言えるのを幸運に思う」(The wanderer and his shadow、格言338)。共通して言えることは、ここを訪れた人々が皆、幸福に感じることです。風景、光、空気が非常に印象的に各人の心に残り、そして時には偉大なる文学作品を生み出す糧となるのです。

また、絵は多くを語ります。画家ジョバンニ・セガンティーニの作品は世界的に有名で、『青い空が湖に映り、その青さは空の青さの100倍も濃い色を成す』作品は、この渓谷の印象をみごとに捉えていると言えるでしょう。

本書も然りです。言葉で表現しきれない稀にみる美しさを写真でご紹介しています。これらの写真を通して、エンガディンがどのように素晴らしい所であるかをご理解いただければ幸いと存じます。

写真の説明（日本語）がP119にございます。

Lohn für die Mühen des Aufstiegs: auf Piz da la Margna

Klarer Wintertag in Maloja. Piz da la Margna

Maloja, 1815 m ü.M.

Anfang Dezember. Der Silsersee ist noch nicht zugefroren

Silsersee und Piz Lagrev (3164 m ü. M.)

Bitaberghsee oberhalb Maloja

Lagh da Cavloc oberhalb Maloja, Piz dei Rossi

Quelle des Inn. Lunghinsee

Flugaufnahme: Silsersee, Piz Corvatsch

Das Maiensäss Grevasalvas im Winter…

…und im Sommer

Schatten des frühen Morgens am Silsersee

Isola und Maloja

Sils-Baselgia, Piz da la Margna

Sils-Baselgia im Morgendunst

Sils-Baselgia, Halbinsel Chastè, Piz da la Margna

Winterabend. Sils-Baselgia

Abenddämmerung. Bei Sils-Baselgia

Frischer Schnee. Sils-Maria

Zauber der Eisblumen. Sils-Baselgia

Februarabend. Fex-Platta

Sils-Baselgia im November

Am Silsersee. Piz Rosatsch und Corvatsch

Klarer Herbsttag. Am Silsersee

Juli-Tag am Silsersee

Jeweils am zweiten März-Sonntag: der Engadin Skimarathon

Gefrorene Bewegung. Schwarzeis am Silsersee

Eine kalte Dezembernacht kündigt sich an. Bei Sils

Im Abendlicht. Piz Morteratsch, Piz Palü, Biancograt, Piz Bernina …

… Piz Scerscen, Piz Roseg

Schneeverwehungen. Bergstation Corvatsch

Piz Murtèl (3433 m ü. M.) von der Corvatsch-Bergstation aus

Silvaplana

In Silvaplana

Silvaplaner- und Champfèrersee

Malojawind. Silvaplanersee

Frühlingsboten. Krokusse am Champfèrersee

Das Kleinod. Champfèrersee und Silvaplana

Morgennebel. Champfèrersee

Erster Schnee. Champfèrersee

Beim Hahnensee

Der Hahnensee

GR=74

St. Moritz

St. Moritz-Bad

St. Moritz. Piz Muragl, Piz Languard, Piz Albris

St. Moritz. Piz Albana, Piz Nair

St. Moritz

Vollmondnacht. St. Moritz

Fröhliche Gesellschaft. Schlitteda oberhalb St. Moritz

Skijöring auf dem zugefrorenen St. Moritzersee

St. Moritz, Piz Albris, Rosatsch

Stazersee

Die Rhätische Bahn ausgangs Celerina

Celerina und Rosatsch

Celerina mit den Spitzen der Trais Fluors

Die Kirche San Gian bei Celerina

Pontresina, Rosegtal

Pontresina und Samedan

Piz Bernina (4049 m ü. M.), Biancograt…

… und Piz Boval (3353 m ü. M.) im Morgenlicht

Alpenrosen

Piz Palü, Bellavista

Über den Biancograt zum Gipfel: Piz Bernina, 4049 m ü. M.

Im Rosegtal. Weg zur Coaz-Hütte

Tschiervahütte. Piz Bernina, Piz Scerscen, Piz Roseg

Tschiervagletscher

Coaz-Hütte, Piz Roseg

Piz Palü, Persgletscher

Cambrena-Brüche am Piz Palü

Abstieg auf Skiern. Piz Palü

Nach einer Zeltnacht. Morgenstimmung…

… und Abend am Piz Morteratsch (3751 m ü. M.)

Zwischen Bernina-Pass und Pontresina …

…die Berninabahn der RhB

Wasserscheide am Berninapass. Lej Nair und Lago Bianco

Die Berninabahn beim Lago Bianco. Piz Cambrena

Atemberaubende Kulisse …

…Abend über dem Engadin. Von Muottas Muragl

Philosophenweg auf Muottas Muragl

Zwischen Sommer und Herbst. Auf Muottas Muragl

Samedan, Piz Padella (2856 m ü. M.)

Samedan

Samedan

Samedan

Rauhreif in den Kälteseen …

… bei Samedan

Bever

Häuserzeile in Bever

Talebene bei La Punt …

…und bei Samedan

La Punt-Chamues-ch, Piz Mezzaun

La Punt

Madulain, Piz Kesch

In Januarschnee gebettet. Zuoz

Zuoz und S-chanf, Piz d'Esan (3127 m ü. M.)

Zuoz im Frühlingskleid. Juni

Dorfplatz. Zuoz

S-chanf

S-chanf, Piz d'Esan

S-chanf

Im Val Trupchun

Susauna

Légendes des photos

5 A Samedan
11 Sur le Piz da la Margna
12 Une belle journée d'hiver à Maloja
13 Maloja (1815 m)
14 Lac de Sils, début décembre
15 Lac de Sils et Piz Lagrev
16 Lac de Bitabergh
17 Lagh da Cavloc
18 La source de l'Inn. Lac Lunghin
19 Lac de Sils, Piz Corvatsch
20 Grevasalvas en hiver...
21 ...et en été
22 Lac de Sils
23 Isola et Maloja
25 Sils-Baselgia, Piz da la Margna
26 Brume du matin. Sils-Baselgia
27 Sils-Baselgia, presqu'île de Chastè
28 Soir d'hiver. Sils-Baselgia
29 Crépuscule. Sils-Baselgia
30 Sils-Maria
31 Cristaux de glace. Sils-Baselgia
32 Soir de février. Fex-Platta
33 Sils-Baselgia en novembre
34 Au bord du lac de Sils
35 Lac de Sils
36 Au bord du lac de Sils. Juillet
37 Le Ski-Marathon de l'Engadine
38 Le lac de Sils sous la glace
39 Par une froide nuit de décembre
40 La lumière du soleil couchant...
41 ...Piz Bernina et Piz Roseg
42 Corvatsch. Station de montagne
43 Piz Murtèl (3433 m)
44 Silvaplana
45 Silvaplana
46 Lacs de Silvaplana et de Champfèr
47 Lac de Silvaplana
48 Crocus. Lac de Champfèr
49 Lacs de Champfèr et Silvaplana
50 Dans la brume du matin
51 Première neige. Lac de Champfèr
52 Près du lac de Hahnen
53 Le lac de Hahnen
55 St. Moritz
56 St. Moritz-Bad
57 St. Moritz
58 St. Moritz, Piz Nair
59 St. Moritz
61 Nuit de pleine lune. St. Moritz
62 Schlitteda au-dessus de St. Moritz
63 Skijöring. St. Moritz
64 St. Moritz, Piz Albris
65 Lac de Staz
66 RhB près de Celerina
67 Celerina et Rosatsch
68 Celerina et Trais Fluors
69 L'Eglise San Gian près de Celerina
70 Pontresina, Val Roseg
71 Pontresina et Samedan
72 Piz Bernina, crête du Bianco...
73 ...et Piz Boval au lever du jour
74 Rhododendrons des Alpes
75 Piz Palü, Bellavista
76 Piz Bernina (4049 m)
77 Chemin au refuge de Coaz
78 Refuge de Tschierva
79 Glacier du Tschierva
80 Refuge de Coaz. Piz Roseg
81 Piz Palü, glacier Pers
82 Séracs. Glacier de Cambrena
83 Descente du Piz Palü
84 Au lever du jour...
85 ...et le soir sur le Piz Morteratsch
86 Entre le col de la Bernina...
87 ...et Pontresina
88 Au col de la Bernina
89 Lago Bianco, Piz Cambrena
90 Coulisses à vous couper le souffle
91 ...le soir sur Muottas Muragl
92 Le chemin des philosophes
93 Sur Muottas Muragl
94 Samedan, Piz Padella (2856 m)
95 Samedan
96 Samedan
97 Samedan
98 Givre sur les lacs...
99 ...près de Samedan
100 Bever
101 Rangée de maisons à Bever
102 Vallée près de La Punt...
103 ...et près de Samedan
104 La Punt-Chamues-ch
105 La Punt
106 Madulain, Piz Kesch
107 Zuoz sous la neige de janvier
108 Zuoz et S-chanf
109 Zuoz dans sa parure printanière
110 Place du village à Zuoz
111 S-chanf
112 S-chanf, Piz d'Esan
113 S-chanf
114 Dans le Val Trupchun
115 Susauna
120 Prairie d'été près de Zuoz

Pictures captions

Legenda figure

写真説明

Sommerwiese. Bei Zuoz